los quebrantados
DE CORAZÓN

Kenneth W. Hagin

Capítulo 1

ALCANZANDO A LOS NECESITADOS

Y se le dio el libro del profeta Isaías; y habiendo abierto el libro, halló el lugar donde estaba escrito:

El Espíritu del Señor está sobre mí, por cuanto me ha ungido para dar buenas nuevas a los pobres; me ha enviado a sanar a los quebrantados de corazón; a pregonar libertad a los cautivos, y vista a los ciegos; a poner en libertad a los oprimidos;

A predicar el año agradable del Señor.

Lucas 4:17–19

En nuestra propia comunidad existen muchas personas heridas que necesitan ser ministradas antes de que salgamos a ministrar hasta los confines de la tierra.

Así que, examinemos primero nuestro propio "mundo". Y para ser muy específicos, dibujemos una circunferencia aún más pequeña de nuestro mundo para mirar un grupo particular—la iglesia local.

La iglesia está llena de gente que tiene necesidades que requieren nuestra atención. Muchos en la iglesia local están sufriendo de corazones quebrantados—y nunca nadie toma el tiempo para ministrarlos. Por el contrario, a estas personas, con frecuencia, se les aconseja con indiferencia "¡Sólo crea en Dios! Deje que el Espíritu de Dios cuide de usted", o "si usted tuviera fe, no se habría metido en ese lío". Pero Jesús dijo que nosotros debemos ministrar a los quebrantados de corazón.

Incluso si se está rodeado de gente que sabe cómo creer en Dios es posible llegar a un lugar, en donde usted está bajo tanta presión y el dolor es tan grande que no puede valerse por sí mismo—usted necesita del cuerpo de Cristo para que le extienda una mano. Necesita de alguien que sea lo suficientemente misericordioso como para abrazarlo y decirle: "¡Estamos contigo!. Persiste. Estamos firmes contigo".

Aquellos de nosotros que decimos tener fe, frecuentemente parecemos sugerir a aquellos en necesidad: "Si tuvieras algo de fe, saldrías de la suciedad y del fango, y subirías aquí con nosotros, los gigantes espirituales". Es tan fácil menospreciar a alguien desde alguna gran altura espiritual y decir: "Suba aquí con nosotros". Pero, es absolutamente otra cosa bajar donde ellos están y agarrar a esa persona herida y ayudarla o ayudarla a subir *con* usted a nuevas alturas en Dios. Algunos de ustedes, gigantes de fe, *necesitan* meter sus pies en esa suciedad y ese fango para ayudar a aquellos que están atascados y que necesitan una mano amiga. ¡*Usted* levántelos!

¡*Oprimidos!* Jesús dijo que *nosotros* debemos poner en libertad a los oprimidos. ¡Estamos para ministrarles! En la iglesia de hoy en día hay muchos individuos golpeados y oprimidos. Aún mas, es triste decir que a menudo han sido los así llamados "Cristianos" quienes los han herido. Usted debe darse cuenta que algunas de estas personas oprimidas están confundidas porque han oído una cosa enseñada aquí y otra cosa enseñada allá, y ahora no saben qué creer realmente. Luego, el diablo toma mayor ventaja de la situación y también los abofetea.

Con frecuencia estos "gigantes de fe" simplemente le dicen a las personas heridas: "¿Qué pasa contigo? La Palabra de Dios dice: Mayor es el que está en usted, que el que está en el mundo". Ellos le citan la Palabra a estas personas golpeadas y oprimidas, pero no hacen ningún esfuerzo adicional para ayudarlos.

¡Cristianos, ustedes deben darse cuenta que algunas veces es difícil creer a Dios cuando usted ni siquiera puede ver el sol a causa de las estrellitas que le dan vueltas en sus ojos a consecuencia de estar siendo continuamente golpeado por el diablo! Cuando usted llega a este punto, necesita de alguien que tome su mano y le muestre el camino hasta que pueda sacar la confusión de su cabeza. Los viejos boxeadores o los receptores de fútbol quienes están acostumbrados a los contínuos golpes pueden confirmarlo. Algunas veces, cuando estos jugadores son derribados violentamente ¡necesitan ayuda para tan sólo salir del campo de juego! Ellos no saben dónde están—arriba, abajo, de costado o al través—han sido muy golpeados. Se puede sentir de la misma manera en el reino espiritual.

Jesús también dijo que *nosotros* estamos para *"predicar LIBERTAD a los cautivos"* (Lucas 4:18). Hay muchos en medio nuestro que están oprimidos. Hay muchos que están solitarios. Quizás no debieran estarlo, debido a su herencia en Cristo, pero lo están. Pero, para esto es que una iglesia existe—como refugio y ayuda. Una iglesia es un lugar para ministrar a aquellos que están cansados y heridos. Quizás esas personas han estado en fe por tanto tiempo creyendo por algo, que se han cansado de hacer el bien y sienten como si estuvieran perdiendo la batalla. ¡Es entonces cuando necesitan de alguien que esté de su lado!

En un tiempo como ese, otras personas en el Cuerpo de Cristo necesitan sostener sus manos, como Aarón y Hur sostuvieron las manos de Moisés en la batalla contra Amalec (Ex. 17:12). Estos cristianos fatigados, necesitan que los santos coloquen sus brazos de fe alrededor de ellos y que los ayuden a mantenerse en pie en su tiempo de necesidad.

Yo, de hecho, escuché este comentario acerca de un hombre quien, aunque era fuerte en la fe, había muerto sin recibir su sanidad: "¡Bendito sea Dios, si él hubiera sabido cómo creer a Dios, no habría muerto!"

¿Qué consuelo cree usted que fue eso para su familia afligida? ¿Es así como Jesús nos dijo que ministráramos a los quebrantados de corazón? *Cristianos, necesitamos cuidar nuestras palabras y ministrar realmente en amor a las personas heridas; especialmente en los tiempos de prueba, cansancio o dolor.*

Es cierto que este hombre en particular no tenía la edad para morir. También es cierto que no tenía que morir por enfermedad y dolencias. Sí, pudo haber recibido su sanidad—pero por alguna razón, no lo hizo. Por otro lado, él era nacido de nuevo y lleno del Espíritu. Así que, fue al cielo—y desde este punto de vista, ¡está mejor allá de lo que nosotros lo estamos aqui!

¡Comentarios descuidados no ayudan a la familia afligida! Palabras insensibles no ministran a nadie. Tales palabras ministran *muerte,* no *vida*, y ¡con seguridad no cumplen la comisión de Jesús para nosotros de sanar los quebrantados de corazón!

Algunas personas han acusado al ejército cristiano de ser el único ejército que destruye a sus heridos en lugar de ministrarles. La excusa es que no es *fe*, compadecerse de las personas afligidas. ¡Pero alguien nos dio una mano para ayudarnos a llegar a donde estamos espiritualmente! Y el apóstol Pablo enseña que no debemos pensar de nosotros mismos como unos grandes "gigantes" de fe. Pablo dice que tenemos que tener cuidado de nosotros mismos, no sea que nos encontremos en una situación similar (Ro. 12:3; 1 Co. 10:12).

En lo natural, aquellos que van a la batalla muchas veces regresan con cicatrices de guerra. Muchos hombres quienes volvieron de la II Guerra Mundial, del conflicto Coreano, y de Vietnam, tenían cicatrices de guerra. Se necesitó gente bondadosa y amorosa trabajando con ellos para lograr que se sanaran de sus heridas.

Hay cristianos entre nosotros que tienen cicatrices de guerra espiritualmente hablando. Ellos necesitan ser ministrados; necesitan de alguien que los ayude. Dése cuenta que muchos de los que apenas han recibido a Jesús—y otros con quienes usted puede entrar en contacto— pueden tener cicatrices de guerra. Puede llevarles un tiempo, estando sentados bajo la enseñanza de la Palabra de Dios, antes de que seau completamente sanados.

¡Usted como miembro del cuerpo de Cristo debe tener paciencia y longanimidad con estas personas! Es su responsabilidad tomarlos bajo su ala, por así decirlo, y enseñarles, entrenarlos y amarlos hasta que ellos estén lo suficientemente fuertes para sobreponerse de sus heridas.

Luego, hay otro tipo de individuo que ha sido marcado con cicatrices de guerra *en el ministerio*. Quizás Dios le dijo a esta persona que hiciera algo, y mientras él trató de llevarlo a cabo, encontró gran oposición. Quizás alguien en autoridad le dijo: "¡Usted no puede hacer eso!" y rechazó su ministerio. Experiencias como estas pueden ser muy perjudiciales para las personas y pueden dejar cicatrices. Y si los pastores no se dan cuenta de esto y no ministran a ese *ministerio;* esa persona puede no regresar nunca al ministerio que Dios tiene para él o ella.

Además, en el Cuerpo de Cristo necesitamos estar atentos para ministrar a aquellos cristianos que han cometido errores. Para eso son las iglesias. Pero es muy frecuente que cuando alguien en el ámbito de la iglesia comete un error, y quizás tropieza—todos saltan sobre él como buitres.

Pero Primera de Juan 1:9 dice: *"Si confesamos nuestros pecados, él es fiel y justo para perdonar nuestros pecados, y limpiarnos de toda maldad".* Romanos 8:1 dice: *"Ahora, pues, ninguna condenación hay para los que están en Cristo Jesús, los que no andan conforme a la carne, sino conforme al Espíritu".*

El Salmo 103:12 dice: *"Cuanto está lejos el oriente del occidente, hizo alejar de nosotros nuestras rebeliones".* En otras palabras, nuestros pecados han sido quitados y suprimidos completamente. En lo que concierne al Señor, ellos ya no existen. Pero algunas veces nosotros los *hombres* tenemos problemas para olvidar lo que alguien hizo y el pecado que pudieron haber cometido.

Capítulo 2

Busque Primero el Reino de Dios

Existe otro peligro en la iglesia de hoy: Muchos cristianos han permitido que sus prioridades lleguen a ser otras menos Dios el centro de ellas. Necesitamos volver a los fundamentos, enfatizando cosas tales como dedicación y compromiso a Dios y, colocar menos énfasis en ir tras las *cosas*. La Biblia dice que cuando buscamos primero el Reino de Dios y su justicia, todas estas *cosas* nos serán añadidas (Mt. 6:33).

Deje de preocuparse acerca de las *cosas*—los carros, las casas, las tierras, la prosperidad. *Estas cosas se ocuparán de sí mismas si usted simplemente se coloca en línea con Dios y Su Reino.* Buscar primeramente el Reino de Dios es lograr que la gente sea salva y ministrar las necesidades y las heridas de los demás.

En realidad, la razón por la que muchos cristianos no están logrando que las *cosas les* sean añadidas, aunque ellos están creyendo a Dios y haciendo todas las confesiones correctas, es porque están buscando *primeramente* las cosas—*no* el Reino de Dios. Sus prioridades están invertidas. No es posible recibir las cosas que Dios ha prometido hasta que usted haya buscado primeramente Su Reino. ¡Esta es la manera como funciona este principio!

Necesitamos volver a los fundamentos del Evangelio—y esto significa dar de nosotros mismos a aquellos en necesidad, sea para salvación, sanidad o cualquier cosa.

Es tan fácil explicarle a un hombre en necesidad cómo debiera creer a Dios para colocar comida en la mesa para su familia. Luego mientras usted se va, alegremente le dice: "Bien, Dios lo bendiga, hermano. Dios suplirá todas sus necesidades". Usted se marcha sin ninguna preocupación en el mundo—¡pero el estómago de ese hombre aún está gritando de hambre!

Esa misma persona estaría más dispuesta a escuchar lo que usted tiene que decir si usted le trajera alguna comida para satisfacer su hambre. Después que haya alimentado a su cuerpo físico, él estará dispuesto a escuchar lo que usted tiene que decir a su hombre espiritual. ¡Volvamos a los rudimentos! ¡Ministremos a las necesidades de la gente!

A muchos cristianos no les molesta escuchar un sermón o un mensaje, pero cuando usted les pide que den de su tiempo, su dinero o de ellos mismos, ¡ellos tienen otra reacción! Esto sólo nos indica que el buscar primero el Reino de Dios ¡no es lo primero en sus mentes!

Una Navidad mi corazón se consumió por personas que no tenían trabajo en Tulsa. El negocio petrolero había declinado, la economía estaba por el suelo, y mucha gente estaba sufriendo financieramente. Yo sabía que habían quienes no tendrían regalos o comida para Navidad. Estaba orando un día, y empecé a orar por estas personas.

Oré que el Señor enviara obreros a sus caminos para ministrarlos en ambas esferas: la espiritual y la natural.

Mientras oraba, el Señor me dijo: "¿Por qué *tú* no haces algo al respecto?"

Yo repliqué, "Señor, ¿Qué *puedo* hacer? No conozco a ninguna de las personas en esas casas".

Luego el Señor me dio una idea: jugar un partido de basketball de caridad—el personal de Rhema contra una estación de radio local cristiana—y dar toda la ganancia al Ejercito de Salvación para que así ellos pudieran ministrar a los necesitados en Tulsa.

También les dije a los estudiantes del Colegios de Entrenamiento Bíblico Rhema: "Necesitamos ministrar a las personas necesitadas en Tulsa. Quiero que cada estudiante de aquí traiga algunos productos enlatados o comestibles. Si tiene juguetes nuevos o juegos que le gustaría donar a familias en necesidad, tráigalos también".

Como resultado, los estudiantes trajeron comestibles y regalos por valor de miles de dólares, todo lo cual fue a las familias necesitadas en Tulsa. No anunciamos lo que estábamos haciendo, ni tuvimos una gran conferencia de prensa. ¡Sólo obedecimos la Palabra!

Mire usted; una razón por la que algunos cristianos no van a recibir mucha recompensa en el cielo es ¡porque ya han recibido su recompensa en la tierra! Ellos están siempre metiendo sus pulgares bajo sus solapas, alardeando: "¡Mire lo que *hice*!" Gloria a Dios, ninguno de nosotros podría hacer *nada* si no fuera por el poder de Dios. Es Dios quien hace estas cosas a través de nosotros—¡y es mejor que siempre le demos el crédito a Él por esto!

¡Cristianos, es tiempo para que ministremos a los quebrantados de corazón! Cuando una persona está en una necesidad financiera, si en realidad va a ministrarle—¿Por qué no mete la mano en *su* bolsillo y le da algún dinero? La salida fácil es simplemente predicarle, y ¡luego marcharse y dejarlo con sus problemas y cargas! Por supuesto, estoy hablando de personas que están realmente en necesidad—no "engañadores profesionales" que *pretenden* estar en necesidad sólo para tomar ventaja del Cuerpo de Cristo. ¡Hay una gran diferencia!

En el Cuerpo de Cristo, hoy en día, hay muchas personas así llamadas de "fe", que son egoístas. Ellos nunca piensan en las necesidades de otros, o en las dificultades que otros pueden estar experimentando en el Cuerpo de Cristo. ¡Eso es contrario a la Palabra de Dios! Gálatas 6:10 dice: *"Así que, según tengamos oportunidad, hagamos bien a todos, y mayormente a los de la familia de la fe"*. Aquí la Biblia *nos* dice que hagamos algo. ¡*Nosotros* debemos ayudar a otros en necesidad; y tampoco es solamente dando dinero siempre; estoy hablando acerca de darse *usted mismo*.

Proverbios 3:27 dice: *"No te niegues a hacer el bien a quien es debido, cuando tuvieres poder para hacerlo"*. Cuando está en sus manos socorrer a alguien en necesidad, y usted se niega a hacerlo—¡usted está en desacuerdo con la Palabra de Dios! Usted le puede dar a las personas toda la *instrucción* que desee, pero si ellos tienen necesidades, ¡usted necesita obedecer la Palabra y ayudarlos!

Por ejemplo, una vez que estaba orando por un joven quien tenía una necesidad financiera en su vida. Oré: "¡Señor, bendícelo! ¡Señor, suple sus necesidades!" Finalmente, el Señor me dijo: "¡*Haz tu* algo con respecto a su necesidad!" ¡Ve usted, el Señor requiere de *nosotros* que ministremos al Cuerpo de Cristo!

Ha habido momentos cuando mi esposa y yo hemos escuchado acerca de estudiantes que estaban teniendo luchas financieras. En una ocasión, conocimos el caso de una pareja que tenía una necesidad financiera. Lynette sabía dónde colocaba la señora su cartera, así que ella simplemente deslizó algo de dinero en ella. ¡Creo que la pareja nunca se enteró de dónde vino ese dinero!

El Señor no nos habló específicamente de hacerlo. ¡Sólo sabíamos lo que la Palabra decía! Esta gente tenía una necesidad financiera, y teníamos los medios para ayudar a suplir esa necesidad. Eso es lo que la Biblia dice en Santiago 1:22: *"Pero sed hacedores de la palabra, y no tan solamente oidores, engañándoos a vosotros mismos"*. Es el trabajo de las iglesias locales ministrar a los heridos y los necesitados en sus propias ciudades. Este ministerio no puede suplir las necesidades de personas en otras partes del país o del mundo. Hay muchas personas para ser alcanzadas por un solo ministerio. ¡Pero si cada iglesia local y cada creyente particular hace su parte, podemos hacer una diferencia juntos!

Los cristianos se quedan callados cuando usted empieza a hablar así, porque esto coloca la responsabilidad en *ellos*. A algunos no les incomoda escuchar predicaciones o enseñanzas acerca de cómo creer a Dios para *ellos* poder tener *sus* propias necesidades suplidas, pero es una historia diferente si usted habla acerca de sacar dinero de *su* bolsillo para ayudar a *alguien más,* en necesidad. Pero cristianos, aprendamos cómo ministrar a la gente en necesidad en nuestra propia comunidad dondequiera que los encontremos.

Capítulo 3

MINISTERIO EN ACCIÓN

A las 4:30 de la mañana de Enero 25 de l983 escuché un grito el cual nunca olvidaré, viniendo del sistema de intercomunicación en nuestra casa. Venía de la habitación de mi hijo.

Ni siquiera estaba despierto cuando toqué el piso corriendo. Me caí tres veces al subir de prisa las escaleras. Cuando alcancé el final de las escaleras, estaba gateando en cuatro, porque no era normal este grito "Papi"; era un grito desesperado: "¡Papi!!!"

Encontré a mi hijo de 13 años, Craig, yaciendo en medio del piso, dando vueltas y agarrándose su cabeza, gritando: ¡Oh, mi cabeza! ¡Papi, mi cabeza!" Comencé a orar. El dolor de Craig se alivió y volvió a la cama, pero supe en ese mismo momento que esa era una situación que necesitaba de una manifestación instantánea de sanidad o atención médica inmediata. El dolor de Craig persistió, así que lo llevamos a la ciudad de Fe para una evaluación.

No hay forma de describir sus sentimientos cuando cinco doctores lo sientan y le dicen: "Su hijo tiene un tumor del tamaño de un limón grande en la parte de atrás de su cabeza. Si el golpea su cabeza en lo más mínimo, morirá, porque el tumor está exactamente junto a la base del cerebro".

Nadie sabe la angustia que una persona siente en situaciones como esta, a menos que haya pasado por circunstancias similares. ¡En momentos como este, el Cuerpo de Cristo necesita apoyarlo a usted!

En el hospital estábamos mirando los rayos X, cuando de pronto la puerta se abrió, y entró caminando Oral Roberts. Él lanzó sus brazos alrededor nuestro y empezó a orar. ¡Nunca estuve tan contento de ver a alguien en mi vida! Significó tanto para nosotros el tener a alguien extendiéndonos su mano en nuestra hora de necesidad.

Estábamos enfrentados con una situación crítica de vida o muerte. La sanidad instantánea no se había manifestado, así que tenía que tomar una decisión. Le dije a Dios: "Señor, ahora voy por mi segunda opción—mi segunda línea de defensa. No sé qué más hacer. Voy a permitir que los doctores operen, pero Señor, voy a colocar mi fe en Ti para el milagro completo y la manifestación de la sanidad de Craig". Y mientras yo discutía esto con mi padre, él dijo: "Jamás ningún ejército entra a la batalla sin tener una segunda línea de defensa".

Así que a las 7 a.m. del 28 de Enero, nuestro hijo fue llevado a la sala de operaciones de la Ciudad de Fe para cirugía.

Es imposible describir con palabras la angustia por la que usted pasa sentado en la sala de espera de un hospital por 12 horas con un ser amado yaciendo en la mesa de cirugía. Simplemente no existen palabras para describirlo.

Normalmente en los hospitales, hay una cierta cantidad de depresión, pero cuando usted entra a la Ciudad de Fe, hay una atmósfera de vida, porque la vida de Dios está allí. Las enfermeras y los doctores animan y levantan a los pacientes y sus familiares con oración contínua.

El neurocirujano lleno del Espíritu, quien realizó la operación de Craig, ha dedicado sus talentos al Señor. Él cree que Dios le ha dado a él este talento para ministrar a la gente.

Una de las enfermeras en la sala de cirugía ha sido una compañera de nuestro ministerio por años. Ella había estado creyendo a Dios por la sanidad de un problema en su espalda. Después de la cirugía de Craig, nos contó que el poder de Dios era tan fuerte en esta sala de cirugía, ¡que su sanidad se manifestó durante la operación!

Luego, la enfermera a cargo de la sala de cirugías nos dijo: "fue una operación al pie de la letra; *perfecta como en un manual de cirujía.* Nada—absolutamente nada—salió mal".

Después de la cirugía de doce horas, el neurocirujano oró con Lynette y conmigo. Él le dio a Dios toda la gloria por el éxito de la operación. El halló que el tumor de Craig, era más grande de lo que se esperaba y estaba entre el cráneo y el cerebro; no estaba en el cerebro propiamente dicho.

Pero el doctor nos dijo que él no pudo llegar al borde final del tumor, así que nos pusimos de acuerdo en oración en cuanto a que este residuo desaparecería completamente.

Desde la mañana del martes a las 4:30, al comienzo, cuando escuché a Craig gritando, hasta el viernes a medianoche, no tuve más de una hora de sueño a la vez. Finalmente, en la noche del viernes, pude tener una noche total de sueño y desperté reconfortado en la mañana del sábado. Lynette ya había ido a cuidados intensivos a ver a Craig.

Como a las 8:30 de la mañana del sábado, una pareja quienes pastorean una iglesia grande en el área de Dallas vinieron a vernos. Yo sabía que este Pastor tenía dos servicios los domingos por la mañana, y un servicio el domingo por la noche, y un programa de televisión en vivo el domingo en la noche. Sin embargo, ¡aquí estaba él en Tulsa temprano en la mañana del sábado!

Hablamos mientras tomábamos un poco de café en la sala de espera, y le pregunté: "¿Están tan solo de paso?"

Él respondió: "No, sólo volamos aquí para estar hoy contigo y con Lynette".

A las 4:30 de esa tarde, ellos subieron a su carro alquilado, manejaron de regreso al aeropuerto, tomaron un avión, y volaron a Dallas para sus servicios dominicales matutinos. ¡Qué ejemplo de ministración al Cuerpo de Cristo!

El Cuerpo de Cristo también nos ministró en otras formas. Algunos vinieron a la sala de espera del hospital para orar con nosotros. Otros estuvieron sosteniéndonos continuamente en oración mientras se ocupaban de su rutina diaria. Hubo enfermeras quienes oraron en el Espíritu por Craig cada vez que entraban a su habitación. ¡Cómo nos ministró eso!

Algún tiempo después, cuando llevamos a Craig de regreso al hospital para sus controles, él fue sometido a un examen con el Scanner. Este reveló que hueso nuevo estaba formándose en su cráneo—y todo rastro de ese pequeño residuo del tumor había desaparecido. (Normalmente, cuando una persona ha alcanzado la edad de Craig, el hueso no crece nuevamente). ¡Este fue un milagro! Cinco meses después que Craig fue dado de alta del hospital, él empezó a jugar fútbol americano nuevamente.

Hoy en día Craig está completamente sano y normal. Se graduó de la Universidad y está en el ministerio a tiempo completo.

Durante toda esta penosa experiencia, realmente necesitábamos del Cuerpo de Cristo para estar firme con nosotros. Siempre habíamos predicado, enseñado y ministrado a las personas, pero este fue un momento en que necesitamos ser ministrados por otros.

¡Cristianos, necesitamos ministrar al Cuerpo de Cristo! Sí, debemos extendernos y ministrar salvación y sanidad al mundo, pero también necesitamos ministrar a la gente en nuestra propia "Jerusalén"—allí mismo dentro de nuestras propias iglesias.

Sí, hay un mundo allá afuera que está clamando por ayuda. Necesitamos ser sensitivos y dar de nosotros mismos antes que el péndulo oscile más allá y sea demasiado tarde para ayudarlos. La cosecha está lista, pero los obreros son pocos. Es muy fácil cantar: "Yo iré donde Tú quieras que vaya, amado Señor. Yo haré lo que Tú quieras que yo haga". ¡Es otra cosa completamente diferente estar lo suficientemente consagrado para hacerlo! Pero, por otro lado, no nos ocupemos tanto de ministrar al mundo, que nos descuidemos de ministrar al Cuerpo de Cristo.

Gracias a Dios por todos nuestros programas de alcance a los perdidos—necesitamos cada uno de ellos. Pero entendamos que junto a nosotros en el coro, sentados al lado de nosotros en el auditorio de la iglesia, hay personas que están heridas y clamando por ayuda. No, puede que ellos no nos hablen de eso. Ellos, probablemente, están usando una máscara. Quizás nadie sabe sobre sus necesidades. Pero si usted aprende cómo ser sensible a las necesidades de otros, *usted* lo sabrá, e incluso sabrá *cómo* ministrarlos.

Muchas veces una palmadita en la espalda o una palabra de ánimo como: "te aprecio" hace más por la gente de lo que usted pueda darse cuenta. Algunas veces un simple apretón de manos o el elogio por un trabajo bien hecho hace más que cualquier otra cosa, porque esto ministra al hombre espiritual en el interior. ¡Hagamos saber a las personas que son valiosas e importantes para la obra del Señor!

Un área del ministerio en la que nosotros como cristianos necesitamos mucha sabiduría, es en la de ministrar a los afligidos. Cuando una familia pierde un ser querido, es necesario que vayamos a su casa y los ministremos. Es necesario llevarles comida, y estar ahí cuando nos necesiten. Iglesia, esa viuda y esos niños necesitan ser ministrados por usted dos semanas y dos meses después del duelo incluso más de lo que ellos lo necesitaron el primer día. No es suficiente solamente con decir: "Bien, sólo crea a Dios y Él verá que usted salga adelante". Usted no puede entender aquellas horas de soledad a menos que usted mismo haya estado en esa situación.

Usted puede construir un edificio para la iglesia o hacer un obra para Dios, y puede colocar su corazón, su vida, su tiempo, y su dinero—todo lo que tiene—en esto. Pero eso no servirá de nada si usted no aprende cómo ministrar a *las personas*. ¡Cristianos, aprendan cómo ministrar las necesidades de otros! De eso es de lo que se trata toda la vida cristiana—hacer algo por alguien más. Todo lo que Jesús hizo mientras estuvo en la tierra reflejó ese principio. Él no vino para ser ministrado, sino para ministrar a otros, (Mt. 20:28). Su tiempo y su atención fueron dedicados para suplir las necesidades de la gente. ¡Lo que contaba para Jesús era lo que la gente necesitaba!

Muchos en el Cuerpo de Cristo se han vuelto egoístas con su tiempo, talento y habilidades. Como cristianos, hemos sido llamados por Jesús como Sus representantes—Sus ministros sobre la tierra. ¡Sin embargo, algunos cristianos están siempre esperando saber qué *van* a obtener del asunto, antes de hacer algo por alguien más!

Como representantes de Jesús, necesitamos cambiar esta actitud y ministrar desde Su perspectiva. Necesitamos preguntar: "¿Qué puedo hacer por los demás?" Necesitamos seguir el ejemplo de Jesús al ministrar a otros. De hecho, el lema de todo cristiano nacido de nuevo, *debe ser:* "¿Qué puedo hacer por Jesús?", *y no:* "¿Qué puede Jesús hacer por mí?"

El camino para salir de sus propios problemas y necesidades es el empezar a ministrar a las necesidades de alguien más. Empiece a ministrar en su propio "mundo"—justo donde usted vive—y vea a Dios cambiar *su* situación.